BIBLIOGRAPHIE

DU

PATOIS LORRAIN

PAR

M. LOUIS JOUVE.

NANCY,

IMPRIMERIE DE A. LEPAGE, GRANDE-RUE, 14.

—

1866.

BIBLIOGRAPHIE

DU

PATOIS LORRAIN.

⸺⸺⸺

Il est inutile aujourd'hui de vanter les services que rend la bibliographie à tous les écrivains. Cette branche de l'érudition moderne conquiert chaque jour une place de plus en plus grande dans les travaux littéraires ou scientifiques. On sait que les catalogues des bibliothèques mises en vente sont recherchés à l'égal des bons livres, quoiqu'ils ne puissent offrir une satisfaction complète à l'écrivain sérieux ou au faiseur de collections. Aussi nous croyons qu'une bibliographie spéciale doit présenter un degré puissant d'utilité ou d'intérêt.

La Lorraine, cette vieille terre austrasienne, cette province illustrée par ses évêchés et par sa chevalerie, dont l'histoire se mêle à tant d'histoires, dont le sol fécond semble béni, que recouvre et sillonne une intelligente, patriotique et laborieuse population, cette Lorraine où les arts, les lettres et les sciences ont toujours trouvé un foyer, serait certes bien digne d'une bibliographie particulière. Nul ne songe peut-être à élever un pareil monument à notre pays. Ce grand travail synthétique n'est pas assez préparé encore par les recherches auxquelles chacun se livre dans sa spécialité ; il est trop vaste pour être fait légèrement, et un édifice si considérable a besoin de beaucoup d'ouvriers. Une œuvre semblable n'eût pas effrayé dans le siècle dernier. Mais quelle que soit la légèreté de nos entreprises dans une époque, si frivole en apparence, il ne faut cependant pas désespérer de voir un jour s'élever une BIBLIOTHÈQUE LORRAINE.

Pour nous, nous apportons une humble pierre à cet immense édifice, dont nous entrevoyons le plan et l'élévation, mais nous avons la confiance qu'on ne dédaigne pas le grain de sable qui sert à cimenter les grandes assises.

Une bibliographie du patois lorrain n'a pas encore été tentée. Quelques articles, de courtes notices ont été publiés ; le tout réuni ne donnerait pas l'idée de ce qu'il a déjà produit, et encore est-ce presque du seul patois messin que les bibliographes se sont occupés.

M. Lecouteux, ancien libraire de Metz, avait rassemblé des matériaux pour faire le travail que nous accomplissons aujourd'hui ; il avait même annoncé cette publication. Ses notes confuses, incorrectes, cependant quelquefois précieuses, ont été laissées à un magistrat de Nancy, écrivain distingué et savant antiquaire, M. Beaupré, qui a bien voulu les mettre à notre disposition. Mais la source la plus féconde, la plus utile pour rendre notre bibliographie satisfaisante, a été la riche bibliothèque d'un ami, de M. Burgaud des Marets. Là nous avons pu examiner, compulser et décrire presque tout ce qui a paru en patois lorrain ou sur le patois lorrain.

Nous pouvons donc espérer que notre travail est aussi complet que possible et rendra quelques services aux personnes qui se livrent aux mêmes études que nous. Une bonne bibliographie est pour un écrivain un appui solide ; c'est l'héritage du passé qui lui passe sous les yeux ; il y puise les trésors nécessaires pour agrandir le sien.

BIBLIOGRAPHIE DU PATOIS LORRAIN.

Département de la Moselle.

1–1615. LA GROSSE ENWARAYE MESSINE, ov deuis amoureux d'vn gros Vertugoy de village à sa mieux aymée Vazenatte. Escript en vray langage du haut pays Messin. Metz, 1615, Abr. Fabert. Petit in–8°. Cette pièce de vers, en patois de Metz, est suivie d'une FABLE RÉCRÉATIVE en même langage ; elle est de toute rareté.

La grosse enwaraye a 185 vers, la *fable* récréative 34.

1634. Réimpression du même ouvrage avec le même titre. A Metz, par Jean Anthoine, Imprimeur Juré de Monseigneur l'Euesque. MDCXXXIIII. Petit in–8°, 16 pages.

1840. Nouvelle édition à Bordeaux (à 70 exemplaires) faite sur celle de 1615. Paris, Techener, in–8°, s. d. 34 pages. Elle est suivie de quelques notes bibliographiques sur le patois lorrain, par M. G. Brunet, qui ne sont pas sans erreurs.

2–1671. DIALOGVE FACÉTIEVX d'un gentilhomme François, se complaignant de l'amour. Et d'vn Berger, qui le trouuant dans vn Bocage le reconforta, parlant à luy en son patois. Le tout fort plaisant.

A Metz, par Nicolas Antoine, Imprimeur de la Cour, demeurant vis-à-vis Ste-Marie, à la Pierre-Hardye, 1671.

In-16 oblong de 52 pages. La 52e page porte 51 par erreur. Petit volume rarissime. Dans ce dialogue en vers, le berger seul s'exprime en patois messin. Le but de l'auteur semble être de railler ces poëtes ridicules et emphatiques *qui,* comme dit Boileau à la même époque, *s'affligent par art* et font *quereller les sens et la raison.*

1675. Dialogve facétievx d'vn gentilhomme François, etc. A Metz, chez Pierre Collignon, imprimeur ordinaire du Roy, demeurant en Fourni-ruë, 1675.

1847. Dialogue facétieux, etc. Nouvelle édition à Metz, chez Lecouteux, 1847, 30 mai.

M. Chartener, de Metz, éditeur de cette réimpression figurée, y a ajouté deux pages contenant une notice sur cette pièce rare.

3-1720. LA FAMILLE RIDICULE, comédie messine, revuë, corrigée et augmentée ; achevée d'imprimer pour la première fois en 1720. A Berlin, chez Jean Toller, imprimeur et marchand libraire de la Cour.

Petit in-8° de 77 pages. Les noms de Berlin et de Toller ne sont qu'une rubrique qui nous cache un imprimeur messin. On se servait souvent de noms pris à l'étranger pour déguiser l'origine des pamphlets et des satires. Plusieurs bibliographes ont à tort attribué la *Famille ridicule* à Ancillon ou à Leduchat. Oberlin, qui, pendant son séjour à Metz, a pu recueillir des traditions encore fraiches, donne pour auteurs de cette comédie Bouy, notaire, et Félicq, avocat.

Œuvre de toute rareté, sur laquelle il n'existe aucun renseignement ; sortie d'une presse clandestine, comme *La Famille ridicule*. Les personnes intéressées en firent saisir et détruire tous les exemplaires qui s'en purent trouver. Aucun bibliographe, nous le croyons, n'en fait mention ; elle n'est même pas dans le catalogue de M. de Soleine, le plus complet que l'on ait sur le théâtre.

8–1787. LES BRUILLES, poëme patois messin. S. l. n. d. (Metz, 1787), in-8°, 40 pages.

Ce poème est d'Albert Brondex, mais il est inachevé ; il s'arrête à la moitié du 5e chant, au 160e vers.

Il est continué dans CHAN HEURLIN (voir n° 26).

1820. LES BRUILLES, poëme patois messin, nouvelle édition ; s. l. n. d. (Imprimerie de Pierret à Metz, vers 1820), in-12, 48 pages.

9–1791. Compliment adressé par les dames poissonnières de Nancy à l'évêque constitutionnel Lalande lors de son arrivée en cette ville.

Imprimé dans la relation de la cérémonie.

10–1797. CHANSONNIER RÉPUBLICAIN à l'usage des tabagies.

Là l'on s'honore du titre de citoyen.

Metz, Verronnais, s. d., in-12, 122 pages. On y trouve, p. 7, une *chanson patriotique*, en patois messin, composée à l'occasion de la paix conclue avec Bonaparte à Campo-Formio.

11–1798. Observations sur l'ancien langage messin, par le citoyen Jérémie-Jacques Oberlin.

Article du *Magasin encyclopédique*, 4e année, tome III, p. 223, in-8°, an VII (1798).

Dans cet article de 11 pages, Oberlin présente quelques observations sur l'utilité d'étudier le langage des gens de la campagne pour l'intelligence des titres anciens et celle des historiens et des poètes du moyen âge. Il cite les ouvrages messins qu'il a consultés pour rédiger des suppléments aux différents dictionnaires alors connus du vieux français. Le travail qu'il avait entrepris à Metz pendant l'internement auquel une fausse accusation l'avait fait condamner, fut interrompu par sa délivrance au 9 thermidor. La moisson, toutefois, avait été abondante. Le nombre de mots du vieux langage messin qu'il a publiés dans cet article s'élève à 125, et ce n'est qu'un choix parmi ceux de son recueil qui commence par la lettre A.

12-1805. Chanson en patois messin à l'occasion de la brillante victoire remportée sur les Russes à la bataille d'Austerlitz, le 2 décembre 1805, par la grande armée française, commandée par l'empereur Napoléon.

Douze couplets sur deux feuillets in-8°, sans nom d'imprimeur, et à la fin on lit : *par l'auteur de la chanson en patois messin, publiée lors de la première victoire sur l'armée autrichienne.* Cet auteur est Didier MORY.

13-1806. Chanson en patois messin faite au passage de S. M. l'Empereur Bonaparte, à Metz, le 26 septembre 1806.

Deux pages in-8°. Signé : par l'auteur des chansons en patois messin sur les victoires remportées par S. M. l'Empereur Bonaparte (Mory). Metz, Verronnais.

14-1811. Couplets en patois messin à l'occasion de la naissance et du baptême de S. M. le roi de Rome *pè l'franc messin* (Mory). Metz, Lamort, in-8° de 6 pages.

15-1812. Recueil des locutions vicieuses les plus répandues même dans la bonne compagnie, etc., par F. Munier, professeur de langue française. Metz, Lamort, imprimeur, 1812. In-8° de 76 pages.

16–1814. Chanson en 6 couplets, composée à l'occasion de l'avénement de Louis XVIII au trône de France, insérée dans le *Journal du département de la Moselle*, 25 mai 1814. L'auteur est Mory.

17–1814. LA FÊTE DES LYS, divertissement en un acte, en l'honneur de Son Altesse Royale Monseigneur le duc de Berry à son passage à Metz (D. Mory). Metz, imprimerie de Lamort, rue Derrière-le-Palais, 1814. In-8° de 52 pages.

On trouve dans cette pièce une chanson en patois messin et grand nombre d'expressions locales. Un seul exemplaire fut tiré sur papier de Hollande et de format in-4° ; il fut présenté au prince par l'auteur.

18–1815 ? CHANSON DE VENDOME. S. d. n. l. Quatre couplets sur une page in-4°. Signée : *par la muse patoise* (D. Mory).

19–1817. LO PTIAT ERMONECK MESSIN po l'ennaye 1817 dans l'quel on treuv' c'que n'am' vu dans les autes, et c'qu'on n'em' iqua vu, dédiet aux dèmes et d'moinzell's de Metz, pè l'franc messin ROMY (Mory).

On n'pieut trop louanget quouète espèces de gens :
Les Dieux et les bons reus, sè matrosse et les grands.
Lè Fontaine l'é dit. Mè, j'dis don bien d'tot l'monde,
J'aime autant rembressiet let brune que lè blonde.

Prix 75 centimes ou quinze sous.

S'nam' let poine de s'en pesset, quand ce n's'reut qu' po avouet l'pliagi d'criticquet l'ovreige et l'ovri que s'en rit.

De l'imprimerie de Lémout, qu'at beun' en vèye. S'vend è Metz, cheux D'villy, librare, raüe don P'tiat Péris, au profit des pour's de let veile.

In-12 de 43 pages.

20-1818. Lo PTIAT ERMONECK MESSIN po l'ennaye 1818, dédièt aux dèmes et d'moinzell's de Metz pè l'franc messin ROMY (même épigraphe que le précédent). Prix : 1 franc, mas v'léreux po 20 sous, è couse que s'at vos.

De l'imprimerie de Lémout, que s'poute beun. S'vend à Metz, cheux D'villy, librare, raüe don P'tiat Péris, au profit des pour's gens d'let veile que n'peuillent pu ovré po ouégnièt zout'vèye.

In-12 de 57 pages. C'est le plus curieux des trois almanachs de Mory.

21-1819. Lo PTIAT ERMONECK MESSIN po l'ennaye 1819, dédièt aux dèmes, etc. (même épigraphe). Prix, 50 centimes ou dix sous, au choix des echtous.

De l'imprimerie de Lémout que n'fat poue è péchonne. S'vend è Metz, plièce St-Jacques, chez Mlle Thiel, librare et qu'at beun éprouvisionnaye de lives, è vat service, en payant. In-12 de 54 pages.

22-1822. Recherches sur l'étymologie des noms de lieux et autres dans la sous-préfecture de Thionville, par M. le chevalier Tessier.

Mémoires de la Société royale des Antiquaires de France, tome IV.

Tirage à part en petit nombre, in-8° de 50 pages, 1822.

23-1823. LES R'VENANS, comédie en dous cetes et en patois messin pè l'franc messin ROMY, auteur don ptiat ermoneck, et d'trabeun' de droul'rèyes qui n'valent mè mieux.

Les R'venans per aut'fois feyint poue aux afans,
Aux Agniès', aux nigdails, è to les ignarans ;
Mas auj'd'hu s'reut beun fin qui lous en freut écroure ;
Sans lunette on wouèt clièt, chéquin sait qu' s'at in leurre ;
Les r'venans qu' v'alcus voir ne sont ni neurs, ni bliuncs ;
Lè nut, comme lo jo, ce sont des brauves gens.

30-1852. LES HOMMES GIROUETTES, depuis Adam jusqu'à présent, etc., par un messin philanthrope (D. Mory). Metz, Verronnais, 1852. In-8° de 95 pages.

On trouve dans ce volume (pages 9 à 25) plusieurs pièces en patois messin, avec la traduction.

31-1854. Lo BÉTOMME don ptiat fei de Chan Heurlin de Vreumin, par M. D. M. de Metz (Didier Mory), appendice au poëme en sept chants. Metz, veuve Devilly, 1854. In-8°.

32-1859. TRIMAZO. Revue d'Austrasie, tome IV, p. 205, 1859.

Les trois couplets donnés par cette Revue font partie d'un Trimazo de neuf couplets, inséré dans Lo ptiat ermoneck de 1818 et à la suite du Bétomme don ptiat fei de Chan Heurlin.

33-1841. DU PATOIS MESSIN et de sa littérature, par Félix D*** (Devilly).

Cet article de la Revue d'Austrasie (5e année, 3e vol., nouvelle série), décembre 1841, présentait alors le travail le plus complet sur la littérature et la bibliographie du patois lorrain ; mais il est plein d'erreurs.

34-1844. HISTOIRE VÉRITABLE DE VERNIER, maître-tripier du Champé, notable, et désigné pour être échevin de la paroisse de Saint-Eucaire. Dialogue patois-messin et français, à cinq personnages. Metz, chez Lorette, libraire, 1844. In-8°, 28 pages.

Ce poëme, composé par l'abbé Georgin, vicaire de ladite paroisse, était resté manuscrit pendant environ 80 ans.

35-1847. LES TRIBULATIONS DES HABITANTS DE NOESFELLE, au sujet d'lè réparation d'zout motin.

Doullens, imprimerie de Michel Vion, 1847. In-12 de
4 pages. La 4ᵉ page contient une chanson intitulée *lo retour du pays*.

Nous croyons que l'auteur est M. l'abbé Vion qui a
fait le *Vaiège en Angleterre* (voir nᵒ 46).

36-1848. Messager boiteux de Metz, pour l'année 1848.
In-4ᵒ, contient pages 23 et 24 :

1ᵒ Les coseks en laj'ment, satire ;

2ᵒ L'ourigine de Lé don champ, conte.

37-1853. Lo RONDOT DON JOSON, chanson messine rè-
quiaye pet M. Albert de la Fizelière et Maly devant Metz.
Paris, Didot, 1853.

Un quart de feuille in-12, tiré à 5 exemplaires sur papier coquille vert, un sur vélin.

38-1853. Le LORRAIN PEINT PAR LUI-MÊME, almanach
pour l'année 1853, curious et émusant. I pâle dé torto :
dé Napoléon, dé lè République, don dous déssambe ; dés
Notaires et des Evocats dé Metz ; dés guéchons, des ba-
celles ; zous jus, zous couëchottes ; dés crégnes, des
méskèrades, dés rondiots, dés trimazos ; dés couaroilles ;
don mèriége ; dés fouéres dé Louréne et béne d'autes
choses.

Cet almanach est suivi d'un *Vocabulaire patois français* à l'usage des personnes qui ignorent cet idiome.

Pe in pliageant ome dés environs dé Metz. Prix : 50
centimes au profit don mèrchand et don sou qué l'é fat.
I se vand è Metz, chez Lecouteux.

In-12, XXXVI-56 pages.

Des vers, pleins de personnalités sur les notaires et les
avocats de Metz, firent saisir l'ouvrage, et l'auteur, M.
Jaclot de Saulny, fut forcé de les supprimer.

39–1854. LE LORRAIN PEINT PAR LUI-MÊME, almanach pour l'annéc 1854, curious et émusant. I pâle dé toplié oque ; dé l'ènnaye darnière et de lè sou que vié ; dés saohons ; don héza dés fruits ; dé lè pache aux guernailles et aus bricawés ; dé lè geans dé lè vèlle ; des trimazos ; dé lè molice dés fomes ; dés crégnes ; dés daillemans ; dés fiauves, des chansons ; don louége dés dicumeholes et dés valots ; et pu d'autes choses, etc., etc. (par M. Jaclot de Saulny). Metz, Lorette, 1854. In-12, 60 pages. Il est suivi d'un :

VOCABULAIRE du patois messin, par Jaclot de Saulny. Paris, 1854.

40–1854. LES PASSE-TEMPS LORRAINS, ou récréations villageoises, recueil de poésies, contes, nouvelles, fables, chansons, idylles, etc., en patois, par Jaclot de Saulny. Metz, Lorette, 1854. In-12.

Cet ouvrage se compose des pièces insérées dans *le Lorrain peint par lui-même* (années 1853 et 1854), et il est suivi des mêmes vocabulaires.

41–1854. VOCABULAIRE PATOIS du pays messin, par Jaclot de Saulny. Paris, Borrani et Droz, 1854. In-12.

Il est formé de la réunion en un seul volume des deux vocabulaires qu'on trouve à la suite du *Lorrain peint par lui-même* pour 1853 et 1854. Il n'y a qu'un nouveau titre d'ajouté. Il en a été tiré 6 exemplaires grand in-8°.

42–1855. MESSAGER BOITEUX DE METZ pour l'année 1855. In-4°. Il contient deux chansons en patois messin, page 45 :

1° Chanson po in naée ;
2° Chanson po lo R'leuy'sel.

2

43-1856. DIALOGUE de Thoinette et d'Alizon, pièce inédite en patois lorrain du xvii° siècle, publiée et annotée par de la Fizelière.

Paris, imprimerie de Simon Raçon, 1856. In-12 de 52 pages avec glossaire. Tiré à 65 exemplaires sur papier vergé, 6 sur papier de Chine, 5 sur papier anglais et deux sur papier vélin.

44-1857. LO NIEU DE JUMENT. Conte de faucheux requiet aivau lés prés pet Monsieur A. de la Fizelière. Paris, Didot, 1857. In-8°, 8 pages. Tiré à 12 exemplaires, 6 sur papier anglais, 6 sur papier coquille vert.

45-1860. REMARQUES sur quelques valeurs phoniques du pays messin, se rapportant au français, par M. Daras. (*Bulletin d'archéologie de la Moselle*, décembre 1860).

Tirage à part : Metz, Rousseau-Pallez, 1861. In-8° de 8 pages.

46-1861. VAÏÈGE EN ANGLETERRE à l'occasion de l'Exposition universelle de 1851, pè in afant de Noesfelle. Metz, lith. Etienne. Signé : Metz, 3 novembre 1861 H. V. (l'abbé H. Vion, vicaire de Noiseville).

Ce poème de 60 pages, in-8°, autographié, a été tiré à un très-petit nombre d'exemplaires pour les amis de l'auteur et n'a pas été mis dans le commerce. Il est très-difficile à trouver.

47-1863. VERS MESSINS sur le petit Goulon, grand fumeur, ancien boucher de Metz. (S. l. n. d.) In-8° d'une page. Il n'en a été tiré qu'un exemplaire sur vélin pour la bibliothèque de M. Burgaud des Marets.

48-1864. Les chaittes de mei niesse, fable traduite du Saintongeais de M. Burgaud des Marets. In-4° de deux pages. S. d. ni nom d'auteur (A. de la Fizelière). Imprimerie de Firmin-Didot.

49-1865. CHANTS POPULAIRES recueillis dans le pays messin, mis en ordre et annotés par le comte de Puymaigre. Metz, Rousseau-Pallez, et Paris, Didier, 1865. In-12.

Il contient 22 chansons patoises, pages 407-456.

Département de la Meurthe.

50-1719. TRÉSOR DES NOELS sur la naissance de Notre Seigneur Jésus-Christ. Nancy, chez Nicolas Charlot, imprimeur-libraire, vis-à-vis le Mont-de-Piété, à l'image Saint-Jérome, 1719.

51-1775. REMARQUES SUR LA LANGUE FRANÇAISE à l'usage de la jeunesse de Lorraine par M*** (Dubois), Paris, chez les libraires associés, 1775. In-8°.

Excellent ouvrage, très-rare. Il est souvent précieux pour l'étude du patois lorrain en ce qu'il donne la prononciation des mots dans ce dialecte, prononciation qui, dans certains cas, fait la seule différence entre le mot français et le mot patois.

L'abbé Dubois de Launay, ancien jésuite à Nancy, est mort dans les premières années de la Révolution.

52-1777. NOELS ET CANTIQUES nouveaux sur la naissance de Notre Seigneur J.-C. Nancy, chez P. Barbier, 1777.

53-1807. DICTIONNAIRE DES EXPRESSIONS VICIEUSES usitées dans un grand nombre de départements et notamment dans la ci-devant province de Lorraine... avec un supplément à l'usage des écoles, par J. F. Michel. Nancy, 1807. In-8° de VII-190 pages et un supplément de 15 pages. L'auteur avait déjà donné un essai de ce genre dans la 2° édition de ses *Eléments de grammaire générale.* 1806.

54-1820. Noels et cantiques sur la naissance de Notre Seigneur J.-C. Nancy, V⁰ Lescure-Gervois. In-12.

55. La grande Bible des Noëls vieux et nouveaux. Nancy, chez François Messin, in-12. Sans date.

56-1824. Traduction de la parabole de l'Enfant prodigue, en patois du ci-devant comté de Vaudémont (Meurthe). par M. Bottin, dans les *Mémoires de la Société des Antiquaires de France,* tome VI, p. 475. 1824. In-8⁰.

Reproduit dans les *Mélanges sur les langues, dialectes et patois,* etc., etc. Paris. 1831. In-8⁰, et dans la *Statistique monumentale* (voir n⁰ 57).

57-1824. Traduction de la parabole de l'Enfant prodigue, en patois lorrain, communiquée par M. le comte Grégoire.

Dans les *Mémoires de la Société des Antiquaires de France,* dans les *Mélanges* et dans la *Statistique monumentale* (voir le n⁰ 56).

58-1828. Recherches sur les patois de la Franche-Comté, de Lorraine et d'Alsace, par S. F. Fallot, de Montbéliard, de l'imprimerie de Deckherr. In-12 de VI-150 pages.

M. Fallot prétend démontrer que les patois des trois provinces qui l'occupent ne doivent rien aux Romains, qu'au contraire ils sont tout gaulois et que la langue latine est formée du langage parlé par nos pères.

59-1857. Statistique monumentale. Rapport à M. le Ministre de l'instruction publique, sur les monuments historiques des arrondissements de Nancy et de Toul, etc. par E. Beuzelin (Grille de). Paris, Crapelet, 1857. In-4⁰, 159 pages.

Cet ouvrage contient un article intitulé :

PATOIS LORRAIN, dans lequel on trouve :

1° Quelques observations générales sur le patois lorrain ;

2° Les traductions de la *Parabole de l'Enfant prodigue* communiquées par MM. Bottin et Cte Grégoire.

3° Une chanson avec la notation musicale;

4° Deux noëls patois, très-connus.

60–1839. Noëls et cantiques nouveaux sur la naissance de Notre Seigneur J.-C. Nancy, Grimblot, etc., 1839, in-12.

61–1854. Poésies populaires de la Lorraine (recueillies par M. l'abbé Marchal), Nancy, chez A. Lepage, 1854, in-8° de 190 pages.

Extrait des *Mémoires de la Société d'archéologie lorraine.*

62–1864. NOELS PATOIS ANCIENS ET NOUVEAUX chantés dans la Meurthe et dans les Vosges, recueillis, corrigés et annotés, par L. Jouve. Paris. Firmin Didot, 1864. In-12. Belle édition de luxe.

63–1865. POÉSIES POPULAIRES DE LA LORRAINE. Dans les *Mémoires de la Société d'Archéologie lorraine,* tome VII, 2° série, p. 43, 1865, in-8°, 161 pages, contenant 14 pièces patoises dont 12 chansons. Ce recueil, dû à M. l'abbé Marchal, fait suite aux *Poésies populaires* publiées, en 1854, par la même société. Il a été tiré à part.

64–1865. LETTRE APOSTOLIQUE de Notre Saint Père le pape Pie IX, touchant la définition dogmatique de l'immaculée conception de la T. S. Vierge, traduite en patois du pays de Toul, par M. l'abbé Guillaume, chanoine de Nancy, aumônier de la chapelle ducale de Lorraine.

Dans les *Mémoires de la Société d'archéologie lorraine,* tome VII, 2ᵉ série 1865, in-8°, 48 pages. Elle a
été tirée à part.

Département de la Meuse.

65. Narrateur de la Meuse. Ce journal publié à Com-
mercy, au commencement de ce siècle et qui a eu une
longue durée, renferme quelques pièces patoises ou sur
le patois. Voici onze articles que nous y avons trouvés.

1806. Du patois de la Meuse (par Fr. Denis, de Com-
mercy). N° 172, 17 septembre 1806.

1807. Chanson pour la fête du 15 août. Tome VI,
p. 120 et 121. N° 245, 26 août 1807.

1807. Etymologie du mot *Sommon* (formule d'affir-
mation plus énergique que *oui*). Tome VI, p. 324.
N° 266, 8 décembre 1807.

1808. Oraison dominicale en patois de la Meuse.
Tome VIII, p. 595, n° 346, 9 décembre 1808.

1809. Etymologie du mot *Leysée* (gardien des che-
vaux d'une commune). Tome X, p. 107, n° 398, 4 août
1809.

1813. Charade en patois du nord-est de la Meuse pour
le jour de l'an, avec traduction littérale. Tome XVIII,
p. 344, n° 744, 31 décembre 1813.

1815. Trois couplets d'une chanson sur le retour de
Louis XVIII, en patois de la Woëvre, signée B. M. avec
traduction littérale. T. XXI, p. 11, n° 803, 4 janvier 1815.

1816. La joie du peuple, chanson en patois du canton
de Damvillers, arrondissement de Montmédy, sur le ma-
riage de Mᵍʳ le duc de Berry, avec traduction littérale.
T. XXIII, p. 527, n° 916 ; 19 juin 1816.

1817. EGNIME en patois de Toucy et d'Aillouaye. (Enigme), n° 974, 16 mars 1817.

1819. EGNIME en patois pè l'franc Messin. N° 1149, 11 juin 1819.

1825. SONNET sur le nouvel an, en patois de la Grande-Woëvre. T. XLII, n° 1625. 29 décembre 1825.

66–1831. L'ÉCHAINGE, aou les conseillies de village, coumédie a daoux actes et en patois meusien, par F. S. C. (de B.) s. l. n. d., in-8° de 78 pages.

Extrait du *Journal de la Meuse*, 1831. L'auteur est M. F. S. Cordier, de Bar.

67–1833. VOCABULAIRE des mots patois en usage dans le département de la Meuse, par F. S. Cordier, docteur en médecine. Paris 1833, in-8° de 59 pages.

Dans les *Mémoires de la Société royale des Anti-quaires de France*, tome X. Extrait à petit nombre.

68–1845. DISSERTATION sur la langue française, les patois et plus particulièrement le patois de la Meuse, par F. S. Cordier. Bar-le-Duc, Laguerre, 1845, in-8° de 79 pages.

69–1851. LE BIE, coumédie a in acte et an petois meusien, pa in paysan de la Saulx. Typographie de Poignée, à Sainte-Menehould, s. d. (1851), in-8°, 40 pages. Extrait de la *Revue de la Marne*, 1850. L'auteur est M. Cordier.

Département des Vosges.

70–1755? CHANSON alternativement chantée par un paysan des Vosges et un citoyen de Nancy, à l'occasion de la statue pédestre de Louis XV. In-4°, 22 pages. s. l. n. d.

Jamais auteur n'a mieux fait de rester anonyme.

71–1775. KYRIOLÉS ou cantiques qui sont chantez à l'Eglise de Mesdames de Remiremont par des jeunes filles de différentes paroisses des villages voisins de cette ville, qui sont obligez d'y venir en Procession, le lende-main de la Pentecôte. A Remiremont, chez Cl. Nic. Emm. Laurent, Imprimeur–libraire. 1775. Une f^lle in-8° avec quatre gravures sur bois.

Les Kyriolés en français rustique contiennent quelques expressions qui n'appartiennent qu'à la langue du pays.

72–1775. ESSAI SUR LE PATOIS LORRAIN des environs du comté du Ban de la Roche, fief royal d'Alsace, par le Sr Oberlin, agrégé de l'Université de Strasbourg, corres-pondant de l'Accadémie royale des Inscriptions de Paris, et associé de celle de Rouen. A Strasbourg, chez Jean Fréd. Stein, 1775. In-12, 287 p.

Cet ouvrage a été composé, dans un de ces moments de loisir, qu'Oberlin, travailleur infatigable, se donnait rarement, et dans lesquels il cherchait encore à s'occuper d'une manière utile. Etant allé passer quelques vacances près de son frère, ce digne pasteur qui changea la face de la contrée sauvage du Ban-de-la-Roche et adoucit les mœurs des habitants, il s'amusa à étudier les patois de ce petit coin de montagnes et, sur les instances d'un ami, il publia ses observations et les recherches qu'il avait faites à ce sujet.

73–1782. GRANDE BIBLE DES NOELS anciens et nou-veaux. Bruyères, Ve Vivot, 1782, in-18.

1788. Noëls et cantiques nouveaux sur la naissance de J.-C. Bruyères, Ve Vivot, 1788, in-18.

1792. Les mêmes, Bruyères, Ve Vivot, 1792.

1805. Les mêmes, Bruyères, Ve Vivot, 1805.

1807. Les mêmes, Ve Vivot et fils, 1807.

74-1815. NOELS ET CANTIQUES nouveaux sur la naissance de Notre Seigneur J.-C. Neufchâteau, Godfroy, 1815, in-12.

75-1824. EXTRAIT D'UN GLOSSAIRE des différents patois en usage dans le département des Vosges ; par M. Richard (des Vosges). Vingt pages dans les *Mémoires de la Société royale des Antiquaires de France*, tome VI, p. 117.

Inséré aussi dans les *Mélanges* (n° 56.)

76-1824. LISTE EN PATOIS DE DOMMARTIN près de Remiremont (Vosges), de 309 mots proposés par la ci-devant Académie celtique pour être traduits en patois. Par M. Richard, des Vosges, associé correspondant. Sept pages dans les *Mémoires de la Société des Antiquaires de France*, tome VI, p. 137 et dans les *Mélanges*.

77-1824. TRADUCTION DE LA PARABOLE de l'Enfant prodigue en patois de Gérardmer (Vosges), envoyée par M. N. L. A. Richard (des Vosges). Une page dans les mêmes Mémoires, tome VI, p. 474 et dans les *Mélanges*. Texte très-incorrect.

78-1835. NOEL sur la venue des rois à l'étable de Bethléem ; comment ils en demandèrent l'entrée aux bergers et comment ceux-ci leur répondirent en patois.

Dans les mêmes *Mémoires*, 2° série, tome IV ; ce Noël, envoyé par M. Richard, a un texte très-fautif ; il se compose de 49 couplets, dont 25 en patois.

79-1835. EPITRE en vers à Son Excellence le Ministre de l'intérieur, en patois de Gérardmer. Insérée dans le même volume que le *Noël* précédent.

Cette épitre, également envoyée par M. Richard, est très-fautive dans son texte, et c'est à tort qu'il dit qu'elle a été composée en 1812. (Voir le n° 90.)

80–1842. DICTIONNAIRE PATOIS-FRANÇAIS à l'usage des écoles rurales et des habitants de la campagne, ouvrage qui, par le moyen du patois usité dans la Lorraine et principalement dans les Vosges, conduit à la connaissance de la langue française, par L. M. P***, curé de St-N*** (Pétin, curé de St-Nabord). Nancy, Thomas, libraire-éditeur, 1842. In–16 carré, XVII–316 pages.

Cet ouvrage, malgré ses lacunes, est jusqu'à présent le vocabulaire le plus complet du patois vosgien.

81–1860. Lé CHANGOLO, chanson ; une page in-4°, s. l. n. d. (1860). Cette chanson a été composée par M. Vinot, pour un des banquets vosgiens que présidait Albert de Montémont. Elle déplore l'abolition d'une fête spinalienne que les enfants célébraient à la Chandeleur, sous le nom de *Changolo*, et elle a pour refrain l'espèce de cantilène qui se chante dans cette circonstance à Epinal.

82–1861. CHANSON en patois vosgien, recueillie et annotée par L. J. (Louis Jouve). Paris, 1861. Typographie Lainé et Havard.

Cette chanson, tirée à un très-petit nombre d'exemplaires a pour titre : *Les hommes d'Igney revenant de la fête de Vaxoncourt* (avec la notation musicale).

83–1861. ALMANACH DE LA GAITÉ, par Docteur. Cet almanach publié chez Pèlerin, contient des anecdotes en français mêlées de patois vosgien.

1861, p. 4, 6, 16, 26, 62.

1862, p. 50.

1864, p. 64.

84–1862. AIRS DES NOELS LORRAINS, recueillis et arrangés pour orgue ou harmonium, par R. Grosjean, organiste de la cathédrale de St-Dié. Saint-Dié, chez l'auteur, 1862, in-4° oblong, VIII-47 p.; 2e édition, 1864.

85–1862. CHANSON du 1er mai en patois de Bouze-
mont. Dans les *Vosges pittoresques et historiques*, de
M. Charton. Paris, Humbert, 1862, in-12, p. 274.

Cette chanson dont le refrain est

> O Trimosa ! lo joli mâ de moua

est un de ces *trimazos* dont on chante encore un si
grand nombre dans la Moselle.

86–1863. ETUDES ET RECHERCHES sur les patois parlés
dans les Vosges, par L. Jouve, série d'articles publiés
dans l'*Echo des Vosges*, à Remiremont, en 1863, juillet-
décembre et publiés en un volume sous le titre suivant.

1864. COUP-D'OEIL SUR LES PATOIS VOSGIENS, par Louis
Jouve. 1864, Epinal, chez Valentin, libraire, et à Remiremont, chez M. Leduc. In-12, 113 pages.

87–1864. FRAGMENTS sur la vallée de la Moselotte, par
Clément. Dans l'*Echo des Vosges*, 23 janvier 1864. On
y trouve quelques notions sur cette vallée et la liste en
patois de 13 plantes parmi les plus connues.

88–1864. FRAGMENTS sur la vallée de Cleurie, par X.
Thiriat, dans l'*Echo des Vosges*, 30 janvier 1864.

On y trouve quelques mots sur le patois de cette vallée et une liste en patois de 17 noms de plantes.

89–1864. NOELS PATOIS anciens et nouveaux, chantés
dans la Meurthe et dans les Vosges, recueillis, corrigés
et annotés par L. Jouve. Paris, Firmin Didot. 1864,
in-12. Ils comprennent les noëls patois publiés dans tous
les *Noëls* précédents, plus deux noëls inédits, avec la
traduction littérale.

90–1865. EPITRE EN PATOIS adressée par les habitants
de Gérardmer à Son Exc. le Ministre de l'intérieur, en

1809. composée par M. Pottier, curé de cette commune, publiée par M. L. Jouve, avec une notice, la traduction et des notes dans les *Mémoires de la Société d'archéologie lorraine*. Tome VII, 2e série, in-8°, p. 88-109, 1865.

1866. Publiée avec quelques nouvelles notes dans l'*Echo des Vosges* (avril et mai 1866) et tiré à part, format in-16. Epinal, Valentin, et Remiremont, Mme Leduc.

INDEX DES AUTEURS ET DES ÉDITEURS.

OUVRAGES DE M. L. JOUVE.

COUP D'OEIL SUR LES PATOIS VOSGIENS, 1 vol. in-12, 1864. Epinal, Valentin, libraire.

NOELS PATOIS ANCIENS ET NOUVEAUX, chantés dans la Meurthe et dans les Vosges, recueillis, publiés et annotés par L. Jouve, 1 vol. in-12, 1864 (édition de luxe). Paris, Firmin Didot, 35, rue Jacob.

CHANSON EN PATOIS VOSGIEN, recueillie et annotée par L. J., avec la musique, chez le même.

JEANNE DARC, drame historique en dix tableaux, par Louis Jouve et Henri Cozic, 1 vol. in-12, 1857.

LETTRES VOSGIENNES, publiées par Louis Jouve, 1 vol. in-16, 1866. Epinal, Valentin, libraire.

ÉPITRE EN PATOIS adressée par les habitants de Gérard-mer à Son Excellence le Ministre de l'Intérieur, composée par M. Pottier, curé de cette commune, avec notice, traduction et notes de M. Jouve, une broch. in-16, 1866.

Pour paraître prochainement :

NOUVEAU RECUEIL de vieux Noëls inédits, en patois de la Meurthe et des Vosges.

RECUEIL de poésies, chansons, contes et joyeux devis en patois vosgien.

NANCY, IMPRIMERIE DE A. LEPAGE, GRANDE-RUE, 14.